AF563066

LE RETOUR DU PRINTEMPS, IDYLLE, ET BALLET HÉROIQUE; EN UN ACTE.

COMPOSÉE

Par M. DEGARDEIN *de Ville-Maire*,

DE L'IMPRIMERIE DE MONTALANT.

M. DCC. LII.

AVEC APPROBATION ET PERMISSION.

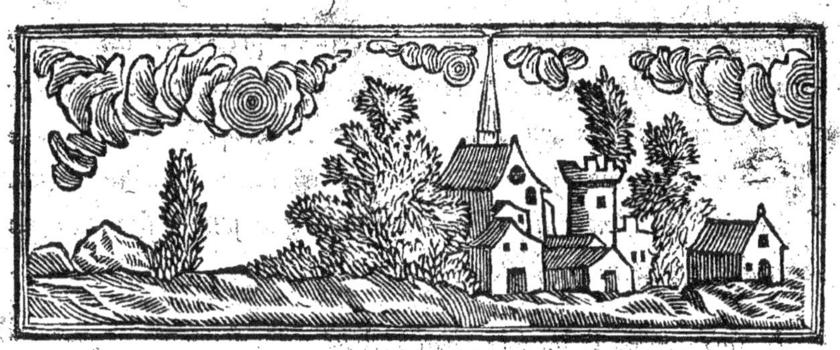

A SON ALTESSE SERENISSIME MONSEIGNEUR LE COMTE DE LA MARCHE.

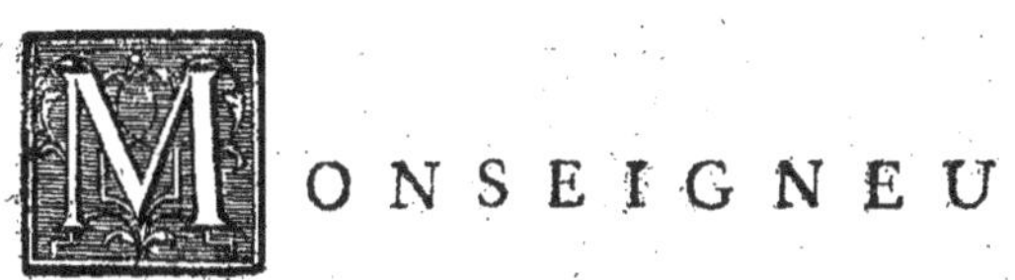

MONSEIGNEUR,

L'Idylle que j'ai l'honneur de consacrer à VOTRE ALTESSE SERENISSIME, *est la premiére Production de ma Muse. Quoique le Sujet n'en soit pas nouveau, je crois cependant que la maniere dont je l'ai rendu, pourra la préſerver du dégoût attaché aux Ouvrages des Auteurs, qui s'aviſent de marcher ſur les traces des autres. Au reſte, quelqu'opinion que le Public en conçoive, je ſerai toujours bien content, ſi le Grand Prince à qui j'en fais l'hommage, daigne jetter ſur elle un regard favorable.*

Je ſuis, avec le plus profond reſpect,

Monseigneur,

De Votre Altesse Serenissime,

Le très-humble,
& très-obéiſſant Serviteur
De Ville-Maire.

LE RETOUR DU PRINTEMPS, IDYLLE, ET BALLET HÉROIQUE, EN UN ACTE.

La Scêne se passe dans l'Isle de Chypre.

LE Théâtre répréſente une Campagne fort agréable, toute couverte de fleurs ; des Ruiſſeaux & des Fontaines, coulant avec un doux murmure, arroſent ces fertiles Prairies, & vont porter leurs eaux dans la mer, dont elles forment les rivages.

Les ondes légérement agitées par les tendres soûpirs des suivans de l'Aurore, paroissent comme de petits sillons. Phœbus au milieu d'un Ciel éxempt de nuages, releve le riche éclat de son azur par celui de ses feux, & remplit le vaste espace des airs d'une chaleur pure & bienfaisante. On voit dans le fond du Théâtre un Temple consacré à Vénus, orné de part & d'autre par un Boccage de Mirthes, qui s'étend jusqu'au pied des Montagnes où se termine l'horizon. Ce Temple est un Périsstile d'Ordre Ionique, d'un marbre blanc de Paros. Les colomnes en sont élevées, avec des guirlandes de fleurs à l'entour, & entr'elles. Leurs bases & leurs chapiteaux sont d'or, ainsi que les bas reliefs & moulures des Corniches, de l'Architrave, de la Frise, & des Frontons. Des Statuës, & des Vases, aussi d'or, servent d'amortissement à ce superbe Edifice. Ses Portes qui sont ouvertes, en laissent voir l'intérieur, dont la magnificence & la richesse surpassent tout ce qu'on pourroit en dire.

SCENE I.

LE Roi de Chypre, accompagné de ſes Gardes, des Seigneurs & Dames de ſa Cour, & d'un grand nombre de Bergers & de Bergeres, qui viennent au Temple de Vénus, remercier cette Déeſſe, & l'Amour, ſon Fils, des faveurs dont ils les ont comblé. Ils ſont tous vêtus d'habits légers & brillans, la tête couronnée de fleurs, & en portent des guirlandes dans leurs mains, pour en faire préſent à Vénus & à l'Amour.

CHŒUR.

Rempliſſons ces beaux lieux
De nos chants d'allégreſſe,
Allons porter nos vœux
A l'aimable Déeſſe
Qui donna la naiſſance au plus charmant des Dieux.
Notre bonheur eſt ſon ouvrage;
Accourons tous lui rendre un doux hommage.

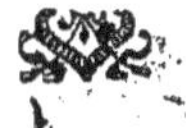

Dances.

LE ROY.

Puissante Mere des Amours,
Vous que le Monde entier adore,
Daignez, daignez veiller toujours
Sur un Peuple qui vous implore.

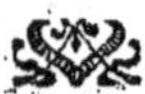

Les riches dons que dans nos champs
Les douceurs du Printemps
A nos yeux font éclore,
Sont les effets de vos soins bien-faisans:
Ce sont vos tendres feux qui font que la Nature
Reprend une splendeur & si vive & si pure:
De l'amour des Zéphirs
Naissent ces précieux soûpirs
Qui procurent aux fleurs leur riante peinture.

LE ROY, *avec le Chœur.*

Puissante Mere des Amours,
Vous que le Monde entier adore,
Daignez, daignez veiller toujours
Sur un Peuple qui vous implore.

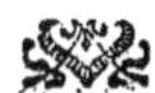

Dances.

DEUX BERGERES.

Tendres Amours,
C'eſt vous qui dans ces lieux ramenez les beaux jours.

UNE SEULLE.

Zéphir pour plaire à Flore,
De la brillante Aurore
Y ranime les pleurs;
Son amoureuſe haleine
Nous apprend les faveurs
Dont vous comblez les cœurs
Qui portent votre chaîne.

CHŒUR DES BERGERES.

Tendres Amours,
C'eſt vous qui dans ces lieux ramenez les beaux jours.

UN BERGER.

Sous les naiſſans feuillages
De nos charmans Boccages,
Les Oiſeaux amoureux
Uniſſent leurs ramages
Pour célébrer le Dieu qui couronne leurs feux.
Lui ſeul a le pouvoir de faire des heureux,
Diſent-ils dans leurs doux langages.

CHŒUR DES BERGERS.

Tendres Amours,
C'est vous qui dans ces lieux ramenez les beaux jours.

UN AUTRE BERGER.

Sur les gazons fleuris de nos fertiles plaines,
Les Ruisseaux, les Fontaines,
Par leur charmant murmure invitent à l'amour.
Les Bergers, les Bergeres
De ce délicieux séjour
Enchantés de votre retour
Expriment leurs plaisirs par des dances légeres.

TOUT LE CHOEUR.

Tendres Amours,
C'est vous qui dans ces lieux ramenez les beaux jours.

Dances.

SCENE II.

LE Grand Prêtre de Vénus, la tête couronnée de Mirthe, & en ayant une branche dans la main. Troupe de Prêtreſſes, & de Sacrificateurs, la tête auſſi couronnée de Mirthe, & avec de ſes branches dans leurs mains. Tous les Acteurs de la Scêne précédente.

LE GRAND PRESTRE.

Déeſſe, qui régnez ſur toute la Nature,
Qui faites dans nos champs renaître la verdure,
Vous, par qui nous goûtons les plaiſirs les plus doux;
Récompenſez l'ardeur qui nous anime tous;
Favorable Vénus, agréez notre zéle,
Recevez de nos cœurs l'hommage humble & fidéle.

CHOEUR.

Honnorez-nous toujours de vos bienfaits,
Ne ceſſez point de nous être propice,
De ces climats ſoyez la Protectrice,
Grande Déeſſe, éxaucez nos ſouhaits.

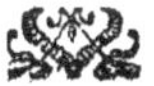

On entend un concert fort doux & fort touchant : Le Ciel paroît éclairé d'une lumiere que l'on voit croître peu à peu : Une odeur fort agréable se répend de tous côtés sur la Scêne.

CHOEUR.

Quelle divine mélodie,
Quelle ravissante harmonie,
Vient pénétrer nos cœurs
De ses sons enchanteurs !
Quelle gloire éclatante ici vient se répendre !
Quels charmes viennent nous surprendre !

LE GRAND PRESTRE.

C'est Vénus & l'Amour qui descendent des Cieux,
Ils viennent recevoir votre hommage & vos vœux.

Redoublez vos chants d'allégresse ;
Célébrez ce jour glorieux,
Qu'à l'envie un chacun s'empresse
D'aller au-devant de ces Dieux.

CHOEUR.

Divinités charmantes,
Divinités puiſſantes,
Deſcendez en ces lieux,
Venez nous rendre heureux.

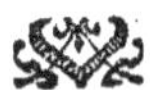

Pendant ce Chœur, Vénus, l'Amour, & leur ſuite, deſcendent ſur la Scêne, & les Peuples de Chypre les environnent, pour leur témoigner leur reſpect & leur joye.

SCENE III.

Vénus, l'Amour, les Graces, les Ris, les Jeux, & les Plaisirs. Tous les Acteurs des Scênes précédentes.

VENUS.

Peuples, qui sous mes Loix vivez dans ces retraites,
Je viens récompenser des ardeurs si parfaites,
Fidéles Chypriens, j'éxauce vos désirs,
Goûtez toujours en paix les plus charmans plaisirs.

Ressentez tous les douces peines
Que mon Fils cause aux tendres cœurs,
Il n'est point de biens si flatteurs
Que ceux des amoureuses chaînes.

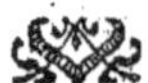

Dances.

LES TROIS GRACES.

Mortels, consacrez aux Amours
Le Printemps de votre âge,

De ses beaux jours
Vous ne pouvez point faire un plus charmant usage.

Dances.

UN PLAISIR.

N'ayez plus de rigueurs
Pour les fidéles cœurs,
Beautés trop inhumaines,
Et cédant à l'Amour,
Permettez qu'à leur tour
Ils vous donnent des chaînes.

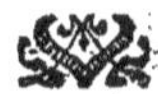

Dances.

SCENE IV.

Zéphir & Flore : Troupe de Zéphirs & de Fleurs. Tous les Acteurs des Scênes précédentes.

L'AMOUR.

Dans ce séjour
Ne vois-je pas paroître
Zéphir & Flore avec toute leur Cour ?
Que de fleurs le Printemps a déja fait renaître !

CHOEUR des Zéphirs & des Fleurs.

Aimable Dieu des Ris & des Plaisirs,
La saison des Zéphirs
Te doit ses plus doux charmes.

ZEPHIR ET FLORE.

Toi seul lui fais produire mille fleurs,
L'éclat de leurs riches couleurs
Est l'admirable effet de tes tendres allarmes,
Sans tes faveurs
En vain l'Aurore auroit versé des larmes.

TOUT

TOUT LE CHŒUR.

Aimable Dieu des Ris & des Plaisirs,
La saison des Zéphirs
Te doit ses plus doux charmes.

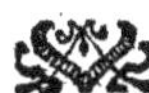

Dances.

UNE ROSE.

Divin Fils de Latone, Astre brillant du jour,
Le pouvoir de tes feux vient du charmant Amour.
Si leur douce chaleur rend la Terre féconde,
Et fait meurir les fruits pour les besoins du Monde,
C'est à lui seul qu'on doit de si précieux dons.
La verdure, les fleurs qui parent nos Vallons,
Le murmure des eaux qui baignent ces rivages,
Les concerts des Oiseaux de ces sombres Boccages,
Tous les Etres enfin célébrent ses bien-faits.
Quel plaisir d'éprouver l'atteinte de ses traits!

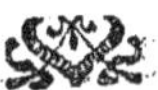

CHŒUR.

Rien ne vaut le bonheur d'être ſous ſa puiſſance:
Les cœurs qu'il range à ſon obéïſſance
Joüiſſent d'un ſort plein d'attraits;
Pour prix de leur conſtance,
Ils voyent combler leurs ſouhaits.

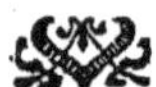

Dances.

ZEPHIR, FLORE, ET LE GRAND PRESTRE.

Enfant de Chypre, & de Cythére,
Souverain abſolu des Cieux, & de la Terre,
Amour, lance tes traits puiſſans,
Rends tous les cœurs contens.
Fais qu'il ne ſoit plus d'âmes inſenſibles,
Que tes flâmes paiſibles
Changent tous les Mortels
En Amans ſoûmis & fidels.

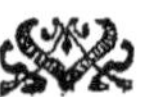

CHŒUR.

Toi que nous honnorons par ces pompeuſes Fêtes,
Dieu trop charmant, remplis les vœux de l'Univers,
Signale ton pouvoir en ſes Climats divers,
Qu'il ne ſoit point de Lieux exempts de tes conquêtes.

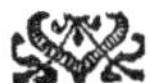

Dances.

SCENE V,

Et derniere.

Pan, Syrinx, & toutes les Divinités de la Terre. Tous les Acteurs des Scênes précédentes.

L'AMOUR.

Mais quoi ! Pan vient aussi pour prendre part aux jeux
Qu'à ma gloire aujourd'hui l'on célébre en ces lieux !

PAN, ET SYRINX.

Digne Fils de Vénus, tout doit te rendre hommage,
Car tu fais le bonheur des Mortels & des Dieux ;
Sur la Terre, dans l'Onde, aux Enfers, dans les Cieux,
Rien ne s'animeroit sans ton doux esclavage.

Dances.

PAN, SYRINX, ET LE ROY.

Que les Dieux & que les Mortels
Honnorent tous l'Amour par des vœux solemnels,
Ils doivent ce Tribut à la reconnoissance
Des biens dont chaque jour les comble sa puissance.

CHOEUR.

Honnorons tous l'Amour par des vœux ſolemnels,
Chantons le Souverain des Dieux & des Mortels,
Nous devons ce Tribut à la reconnoiſſance
Des biens dont chaque jour nous comble ſa puiſſance.

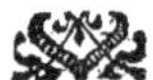

Dances.

L'AMOUR.

Le zéle que pour moi vous montrez en ce jour
Ne reſtera point ſans retour.
Je vais par mes faveurs vous faire à tous connoître
Que lorſqu'on me choiſit pour Maître
On voit couler ſa vie au milieu des plaiſirs;
Qu'on ne peut être heureux ſi l'on n'eſt point ſenſible;
Qu'un cœur indiférent, qui paroît ſi paiſible,
Eſt toujours déchiré de cruels déplaiſirs.

VENUS, ET L'AMOUR.

Travaillons l'un & l'autre au bonheur de la Terre,
Secondons ſes juſtes déſirs,
Couronnons ſes tendres ſoupirs,
Aux cœurs indiférens livrons tous deux la guerre.

CHŒUR.

Triomphez aimables Vainqueurs,
Régnez, ſoûmettez tous les cœurs.

FIN.

APPROBATION.

J'AI lû, par ordre de Monſeigneur le Chancelier, un Manuſcrit qui a pour Titre : *Le Retour du Printemps, Idylle, & Ballet Héroïque, en un Acte*, & je n'y ai rien trouvé qui puiſſe en empêcher l'impreſſion. A Paris, ce 20 Novembre 1751.

DES ESSARDS.

www.ingramcontent.com/pod-product-compliance
Lightning Source LLC
LaVergne TN
LVHW010300230826
846091LV00007B/3076
* 9 7 8 2 0 1 2 7 2 9 4 6 9 *